Disney

アリエルの法則

Rule of Ariel

憧れのプリンセスになれる秘訣32

講談社

ove me,
it does not matter,
anyway
I can love
for both of us.

愛されなくてもいい。
私があなたの分まで、
しっかり愛するから。

スタンダール

If you don

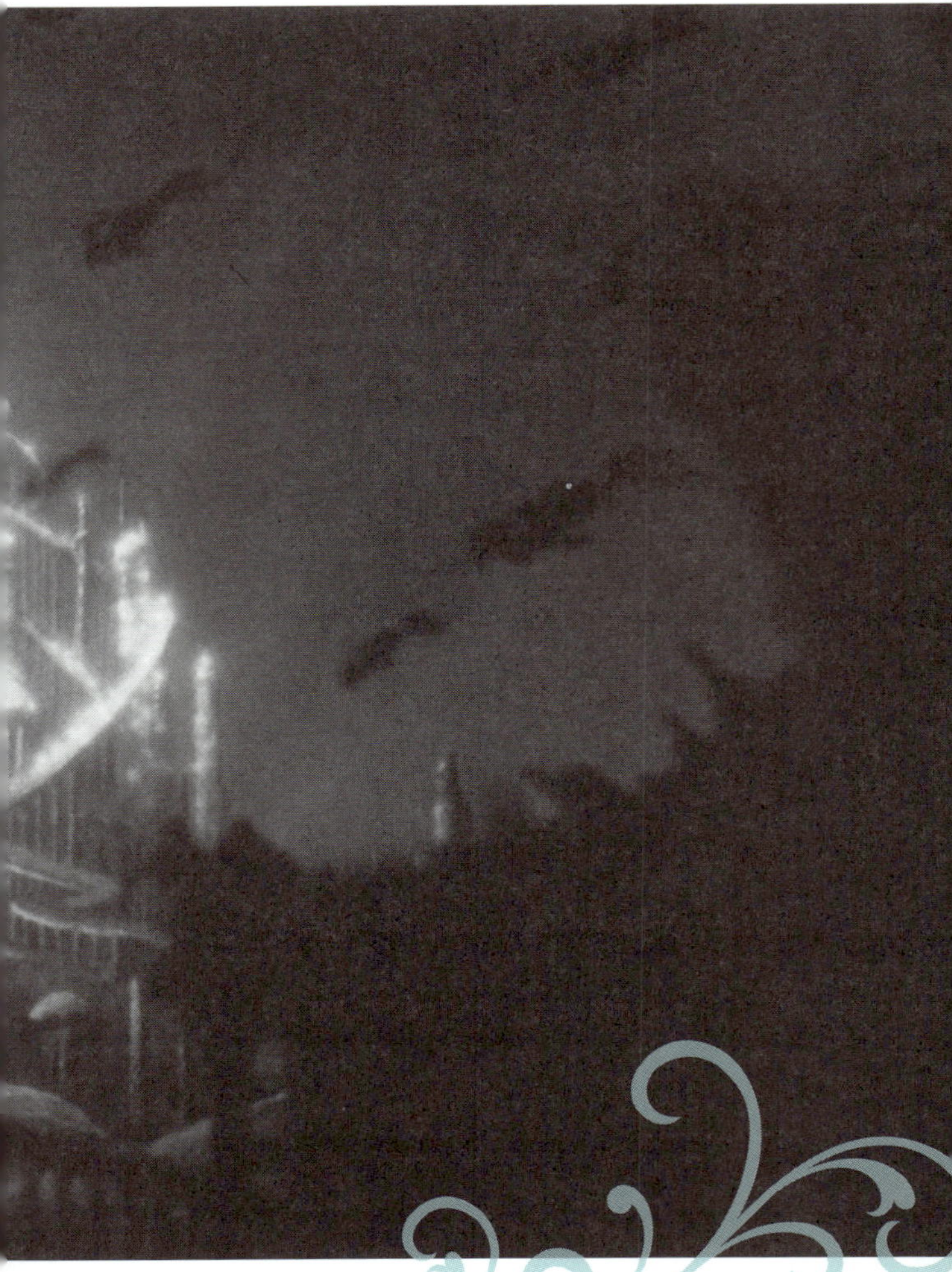

はじめに

昔々、青い海の底に、明るい笑顔と美しい歌声をもつ、人魚のお姫さまが住んでいました。

名前は、アリエル。


人魚はみな、「人間は、魚を食べる悪者」と思っています。

でも、好奇心旺盛なアリエルは、海に沈んだ人間の道具や持ち物を洞窟いっぱいに集めて、人間の世界に憧れていました。


ある日アリエルは、嵐で難破した船に乗っていたハンサムな王子、エリックを救い、彼に恋をしました。

それからというもの、彼に会いたい、彼の世界に行きたい、人間になりたい……という思いがつのるばかり。

人間との関わりを禁じる父のトリトン王に、その恋心を知られ、アリエルは厳しく叱られました。

それでもアリエルは、恋の希望を捨てきれず、海の魔女アースラと取り引きして、声を手放すかわりに足を手に入れました。けれど、三日以内に彼と恋に落ちなければ、人魚にもどれないばかりか、永遠に、魔女のものとなるのです。


言葉が話せなくても、明るく、愛らしいアリエルに、エリック王子は心を癒やされ、惹かれていきました。

アースラは、魔法を使って邪魔をしようとしましたが、アリエルは、エリックとともに勇敢にアースラと戦い、ついに打ち負かします。

二人が心から愛しあっていることを知ったトリトン王は、娘の幸せのために、アリエルを人間にしてくれたのでした。


そう、勇気も行動力も、なにもかも、恋する心から始まりました。

アリエル
Ariel

名前

アンデルセンの童話で、恋に破れた人魚姫は、
王子の幸せを祈り、「空気の精」となって昇天する。

そんな童話の結末をふまえ、ディズニーの人魚姫は、
シェークスピアの「テンペスト」に登場する
空気の精「エアリエル」から命名。

主人への服従を強いられていたエアリエルは、
最後は自由の身に。
アリエルという名には、自由への憧れがこめられている。

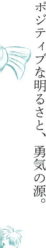

色

下半身の明るい緑は、
陽の光に輝く森や植物、深く透明な海の色。
豊かな大自然からあふれる生命力は、
アリエルの、生き生きとした魅力の源。

髪の毛の赤は、燃えさかる炎の色。
活発で、情熱的なイメージ。
不可能と決めつけず前に進み、
恋に情熱を注ぐアリエルの、
ポジティブな明るさと、勇気の源。

幸運の鍵　足

歩く、走る、踊る。
アリエルにとって足は、人間界への憧れの象徴。

その憧れは、エリック王子との出会いで、
おさえきれない恋心と化し、
海の魔女との取引へと走らせる。

危険と引きかえに得た足は、
望みを叶えるため、周囲の反対も顧みず
異世界を目指す、アリエルの行動力そのもの。

友だちや、助けてくれた人

フランダー

気の置けない遊び仲間。
秘密を共有する、いちばんの友だち。
いつも応援し、助けてくれる強い味方。

セバスチャン

トリトン王に命じられたお目付け役。
アリエルを監視するつもりが、
いつしか彼女の恋を応援する立場に。
昨日の敵は今日の友。

Contents

Chapter 1
アリエルの条件

Chapter 2

アリエルの言葉

Chapter 3 アリエルの恋

Chapter 4 アリエルの生き方

アリエルの条件

What makes Ariel a princess

私はたくましい。
I am strong.

私は恐れない。
I am brave.

私はいつでも、自分に正直でいる。
I am true to myself.

私の名前は、アリエル。
My name is Ariel.

笑顔

笑顔が魅力をつくる

アリエルは、シンデレラやオーロラ姫のような洗練された美人ではありません。けれど、見る人を元気にしてくれる、とびきりチャーミングなプリンセスです。

その魅力の秘密は、はじけるような笑顔。

「わあ、すごい！」「ねえ、見て見て！」「やった！」「すごく楽しい！」……ひとつひとつの笑顔から彼女の思いが伝わってきます。

ロシアの文豪ドストエフスキーが「人は笑い方でわかる。初めての人に会って、その笑顔が感じよかったら、いい人間と思っていい」といったように、アリエルは、しゃべれないまま未知の人間の世界へ行っても、人なつっこい笑顔で乗りきっていきました。

よく「あの人は笑顔がすてきだ」などといいますが、正しくは、「笑顔が、あの人をすてきにしている」のです。

歌

歌で気持ちを高める

アリエルが、思いをこめて歌いあげる「パート・オブ・ユア・ワールド」。じっくり英語の歌詞を見ると、興味深いことがわかります。最初に歌うときは「Part of that world」だったのが、エリックに出会い、彼を助けたあとでは「Part of your world」に。さらに、〝仮定〟の「could」が、〝意志〟の「will」に変化します。

つまり、「人間の世界に行けたらいいのに」という漠然とした思いが、「きっとあなたの世界に行く」と、はっきりした意志になるのです。

歌いながら、気持ちを高めていっているんですね。

アスリートが、練習中や本番前に必ず聴く曲があるという話もよく聞きます。

あなたには、テンションをアップしたり、集中力を高めたりするためのお気に入りの歌や曲がありますか？

涙

涙を力にする

アリエルは、船の難破で海底に沈んだエリックの銅像を手に入れて大よろこび。ところが、父のトリトン王に、そのエリック像もろとも、だいじなコレクションをこなごなに破壊されて号泣します。

もし、このショックがなければ、アリエルが意を決して、自ら海の魔女のアースラを訪ねることはなかったでしょう。

現実には、うちひしがれているときの甘い言葉や誘惑には要注意ですが、アリエルの場合は結果オーライでした。

また、エリックが別の女性と結婚することになったとき、アリエルは、パニックになることもなく、ひざを抱えて、ただ涙します。周囲が止めるのもきかず自分の意志で人間になった以上、だれのせいでもない、自分で結果を引き受けるしかないとわかっていたからです。

そして、アースラの陰謀を知り、果敢に立ち向かうことになります。

楽しみ

自分だけの宝物を集める

人間の世界に憧れているアリエルは、海に沈んだ人間の道具や持ち物を拾い集めて、秘密の洞窟にコレクションしています。

「人間＝魚を食べる残酷な生き物」と信じているほかの人魚には理解できなくても、アリエルにとっては、囲まれているだけで、幸せな気持ちになれる大切な宝物なのです。

おとなになってもぬいぐるみが手放せない、爬虫類《はちゅうるい》や昆虫が大好きなど、人とちがう嗜好や趣味をもち、周囲の好奇の目や心ない言葉に、いやな思いをしている人もいるかもしれません。

好きなものや夢中になれることがあるのは、幸せなことです。理解しようともしない頭の固い人は気にせず、フランダーやスカットルのような仲間を見つけて、よろこびを分かちあいましょう。

人の趣味や嗜好を、頭から否定する人間にはなりたくないですね。

願い

現状からとびだす

アリエルは、海の王様トリトンの末娘。なにひとつ不自由なく育ちながら、海の暮らしに飽き足らず、人間の世界に憧れています。

アリエルは、「もっと人間のことを知りたい」という思いにかられ、難破船を探検したり、海上へ冒険に出かけたり。その人間界への憧れは、エリックに恋をしたことで、「もっと彼のそばに行きたい」という強い欲望となり、夢の実現へと突き進んでいったのです。

アップル社の共同設立者の一人で、コンピュータ界に革命を起こしたスティーブ・ジョブズは、「貪欲であれ、愚かであれ（Stay hungry. Stay foolish.）」という言葉を残しています。

まさにこの〝ハングリー精神〟が、彼の満ちあふれるアイディアにつながったように、私たちもアリエルを見習い、つねに〝もっと〟という思いをもって前進していきたいものです。

怒り

開き直る

「涙」の項で、トリトン王に大切なコレクションを破壊されたことが、アリエルがアースラを訪ねるきっかけになったといいました。

アリエルは、悲しくて泣いていたように思えますが、心の中には、父に対する怒りがくすぶっていました。その怒りが、やぶれかぶれの開き直りに火をつけたのです。

感情は単純ではありません。アリエルのように、悲しみの裏に怒りが潜んでいることもあれば、反対に、トリトン王のように、激しい怒りのあとで娘を傷つけてしまったという悲しみがおしよせることも。

そして、物語の終盤、父から王位を奪ったアースラに、アリエルは、「この悪魔！」とさけびながら、つかみかかります。

これもまた、アースラの恐ろしさも忘れてしまうほどの激しい怒りが生んだ、捨て身の開き直りでした。

強さ

当たってくだけろ

「当たってくだけろ」とは、「うまくいくかどうかわからなくても、とにかく思いきってやってみろ」と、行動やチャレンジを促す言葉です。

最近では、似たような言葉に「ダメもと」がありますが、こちらは、「ダメでもともと」つまり、無理を承知のチャレンジで、「やらなきゃそれまでなんだから、やったほうがいいよ」というニュアンス。

そう考えると、アリエルの場合は、やはり「当たってくだけろ」がふさわしいですね。

自分の長所である美声と引きかえに足をもらう。しかも、三日間で彼に愛され、真実のキスをしてもらわなければ、人魚にももどれず、アースラのものになる。

これは、かなりハードな条件ですが、アリエルは「当たってくだけてもいい！」という強い覚悟のもと、チャレンジしたのです。

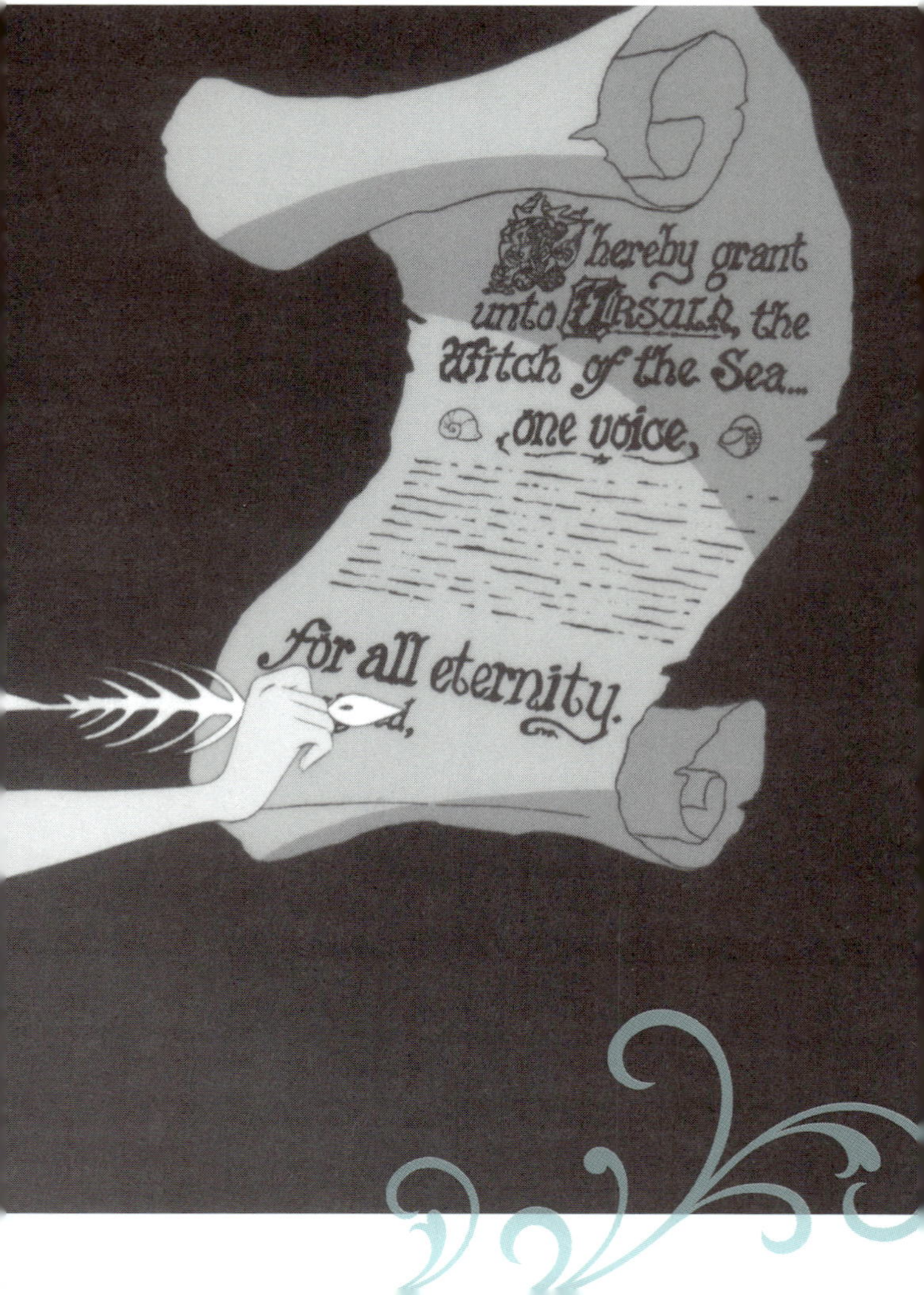
I hereby grant
unto URSULA, the
Witch of the Sea...
one voice,
for all eternity.

自己肯定

根拠のない自信をもつ

「当たってくだけろ」を決心させるのは、「根拠のない自信＝ポジティブ思考」です。その結果、アリエルは、自分がくだけるかわりに、さまざまな障壁をうちくだいていきました。

なにかに取り組むとき、「失敗するかも」と思ってやるのと、「大丈夫、うまくいく」と思ってやるのとでは結果がちがう――これは、多くの人がいっていることです。そして根拠のない自信は、もし失敗しても、「大丈夫、なんとかなる」という余裕も与えてくれます。

赤ちゃんが、歩ける自信がないなどと思わないように、人は成長の過程で、失敗の体験や周囲からの否定的な言葉などで、自信を失っていきます。でも、前に失敗したから、人にいわれたから、今度もできないと思いこむのは、「まちがった根拠の自己不信」です。

どうせなら、根拠のない自信をもって、努力してみませんか？

笑顔が魅力をつくる

歌で気持ちを高める

涙を力にする

自分だけの宝物を集める

現状からとびだす

開き直る

当たってくだけろ

根拠のない
自信をもつ

column 1

新時代のプリンセス

『リトル・マーメイド』は、『白雪姫』以来ディズニーの伝統であるミュージカル・アニメーションを復活させて、『美女と野獣』『アラジン』『ライオン・キング』と、記録的な連続大ヒットを導き、ディズニーアニメーションの新時代の幕開けを告げた記念すべき作品です。

そして、アリエルもまた、新しいヒロイン像を強烈に印象づけました。

白雪姫、シンデレラ、オーロラ姫というプリンセスたちが、不遇のなか王子に見初められて幸せになるのに対し、アリエルは、恵まれた環境にありながら、そこに安住するのをよしとせず、自ら王子を見初め、果敢にアプローチして幸せをつかむのです。

オーロラ姫の『眠れる森の美女』から30年が経過していますから、当然といえば当然の変化なのですが。

『リトル・マーメイド』が公開された1989年11月、東ドイツと西ドイツを隔てていたベルリンの壁が崩壊。第二次世界大戦後、ソビエト連邦とアメリカに代表される東西陣営の対立が世界を二分していた、冷戦が終結しました。

世界を変えた歴史的瞬間とともに、華々しく登場したアリエルは、まさに新時代のプリンセスだったのです。

行きたいところがある。
There is some world I wished I could be :

そこに会いたい人がいるから。
A world someone I dreamed of is waiting for me.

アリエルの言葉

Ariel's Words

「わからないわ。
スカットルに聞いてみる」

知ったかぶりを
しない

子どもが「どうして？」「なぜ？」と無邪気に聞くように、わからないことを知りたいと思う好奇心は、人を成長させるエネルギーです。

好奇心旺盛なアリエルは、海底に沈んだ船などで人間の道具を見つけては、カモメのスカットルに名前や使い方をたずねました。

スカットルの回答はトンチンカンですが、アリエルのように自分の無知を認めて、謙虚に人の教えを請う姿勢は、とても大切です。

「聞くは一時の恥、聞かぬは一生の恥」という諺《ことわざ》があるように、知らないことを聞くのが恥ずかしいからといって、そのままにしておくと、一生知らないまま、恥ずかしい思いをすることになります(まして知ったかぶりがばれたら、もっと恥ずかしい！)。

ただし、一度人に聞いたことは、ちゃんとインプットすること。おなじことを何度も聞くと〝恥の上塗り〟になりますよ。

自立心をもつ

「私はもう16よ、子どもじゃないわ」

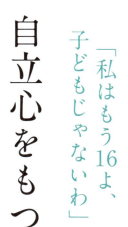

「人間は野蛮だ。もう二度と海の上へは行くな！」

父に命令されたアリエルは抵抗しますが、トリトン王の答えは、「父親に口答えはするな！　この海で暮らすかぎりは命令に従え」でした。

幼い頃は親の庇護のもと、親のいうことをきいて〝いい子〟でいられたかもしれません。でも、成長して自分というものが目覚めるにつれ、親との意見のくいちがいも出てきます。

アリエルのように、親が自分のためを思っていっているとわかっていても、自分の考えや意見を無視され、頭ごなしに命令されれば、反発を感じるのは当然です。

ある意味、親子げんかは、親からの自立の第一歩ともいえます。

〝親のいい子〟は卒業して、自分で判断し、自分の生き方に責任をもてるようになりたいですね。

先入観をもたない

「こんなすばらしいものを
つくりだす世界が
悪いはずないのに」

人魚の世界では、「人間は、魚を食べる悪者」と思われています。

でもアリエルの目には、人間がつくったものはことごとく、美しく、すばらしいものに映りました。アリエルは、人魚の人間評価よりも、自分の感覚と直感を信じたのです。

「あの人は○○」「あの国の人は△△」……など、他人からいろいろな評価や情報を聞くことがありますが、考え方は、人それぞれ。必ずしも、それが正しいとはかぎりません。

とくに否定的な評価や悪口に対しては、まちがった情報を鵜呑《うの》みにして他人を批判したりしないように、疑ってみることも必要です。

先入観や思いこみを完全に捨てるのはむずかしいけれど、情報にふりまわされず、自分自身の考えで、人や物事を評価するように心がけたいものです。

「宝物だけじゃつまらない。
私の望みはもっと大きいの」

目標に挑戦する

アリエルは人間の世界に憧れ、人間のつくったものや道具をコレクションしています。でも、その先には、「人間の世界へ行って、足で歩いたり踊ったりしてみたい」という、もっと大きな目標がありました。その目標が、アリエルを積極的な行動へと駆りたてたのです。

こういう仕事に就きたい、資格を取りたい、外国で暮らしたいなど、目標をもち、努力して挑戦することで、人は成長します。

目標を達成したよろこびは、大きな自信になるでしょう。

とはいえ、非現実的なことや、難しすぎることにばかり挑戦していると、つねに挫折して、かえって自信を失ってしまうかもしれません。

そんなときは、いきなりフルマラソンではなく、ハーフから。まず手の届きそうな目標を設定して、着実に達成することで、すこしずつ自分の可能性を広げていくのがいいでしょう。

「なにかが始まる、
私の世界が変わる」

変化を楽しむ

エリックに恋をしたアリエルは、胸の高鳴りとともに、自分の世界が変化する予感を抱きます。

それはアリエルにとって、海という安全な場所から出る恐れよりも、未知の世界への期待でした。

変化＝なにが起こるか、どうなるかわからない――「だから危険で恐い」と考えますか？　それとも、「新しい経験をするチャンス。だから楽しみ」と考えますか？

安全な殻のなかで現状維持に終始しているかぎり、成長はありません。新しい体験を積み、新しいことを学ぶことで世界が広がり、さらに新たな体験に挑もうという勇気も生まれるのです。

世の中は、つねに変化しています。古くから変わらない〝善きもの〟も大切にしながら、変化をチャンスと思って楽しんでみませんか。

「私の声？　でも声を
なくしたらどうやって……」

表情を豊かに

海の魔女アースラは、アリエルを人間にする代償として、彼女の美声を要求。そして、声を失ったら、どうやって彼にアプローチすればいいのかと戸惑うアリエルにいいます。

「あんたには可愛い顔とボディランゲージがある。おしゃべりな女はダメ、男は、もの静かで従順な女が好き」と。

「もの静かで従順」がいいかどうかはべつとして、見ていて飽きない、アリエルの豊かな感情表現は、ディズニープリンセスのなかでもピカイチです。


嫌悪感を露骨に顔に出したり、すぐに泣いたりするのは、おとなげありませんが、よろこびや、おどろき、感動など、ポジティブな感情は積極的に表現したいですね。顔立ちのよさよりも、生き生きとした豊かな表情のほうが、女性をはるかに魅力的に見せるものです。

「エリック、いえなくてつらかったわ」

手柄を吹聴しない

声をとりもどしたアリエルの歌声を聞いて、エリックは、彼女こそが、自分の命を救ってくれた美しい声の女性だったと悟ります。

アリエルは、本当のことが伝えられなくてつらかったと訴えますが、底抜けに明るいアリエルのこと。もし、しゃべれたら、「私よ、私があなたを助けたの！　パパには叱られたけど、船であなたを見たときから大好きだったんですもの！」などと元気いっぱいにアピールして、シャイなエリックに、ちょっと引かれてしまったかもしれません。

学校での活躍、仕事での成功など、どんなに頑張ったか、どんなに大変だったか、自分から吹聴することは周りをしらけさせます。自分からいわなくても、見ている人は、ちゃんと見ているものです。

そして、人からほめられたときは、「いいえ、そんなことありません」などと謙遜しないで、「ありがとう」と、素直に受けとめましょう。

「愛してるわ、
パパ！」

親と和解する

親子げんかは、自立の第一歩。でも、けんかしたまま決裂してしまっては、やはり寂しいですよね。

アリエルは、自分の身代わりになってアースラに王位を渡したトリトン王のすがたに、改めて父の愛の深さを知りました。そして、「人間は悪者ではない」とアリエルから教えられたトリトン王が、娘の自立と生き方を認めたとき、二人は心から和解しました。

完璧な親はいません。親も自分とおなじ、欠点もあれば、まちがうこともある一人の人間です。と同時に、父の魔法でアリエルが人間になれたように、人生の先輩である親の経験や知識は、助けになることも多いものです。

子が親に感謝し、親子がお互いに、対等な人間として尊重できるようになったとき、子ども時代とはちがう、新たな親子関係が始まります。

知ったかぶりをしない

自立心をもつ

先入観をもたない

目標に挑戦する

変化を楽しむ

表情を豊かに

手柄を吹聴しない

親と和解する

column 2

アースラの教訓

『リトル・マーメイド』の成功の一因は、アンデルセンの原作「人魚姫」では、名もなければ、悪役ですらない海の魔女を、アースラという圧倒的で魅力的な悪役に仕立てたことにあるといわれています。

アースラの目的は、自分を宮殿から追放したトリトン王に復讐して、恨みを晴らすこと。そのために、言葉たくみにアリエルを利用します。

アースラの場合、もともと自分の悪事が原因で追放されたのだから、明らかに逆恨みですが、もし、一方的に、人から陥れられたり、裏切られたりしたとしても、復讐をしようとしたり、相手を恨みつづけたりして、ネガティブな感情を抱いているかぎり、幸せにはなれません。

相手を許せないのは、相手に支配されているということ。心から許すのはむずかしいとしても、恨みを手放すことで相手から自由になれるのです。

ひどいことをした相手など歯牙にもかけず、笑顔で幸せにしていることこそ、じつは、いちばんの〝仕返し〟。

アースラは海の藻くずと化しましたが、結婚式でのアリエルとトリトン王の幸福なすがたを見たら、タコの足で地団駄を踏んで悔しがったことでしょう。

人生は宝物だらけだ。
Life is full of treasure.

あなたが私に、それを教えてくれた。
Knowing you makes me want to
explore more of it.

アリエルの恋

Ariel's True Love

焦らない

三日目の日没までに彼にキスをしてもらわなくてはならないというのに、アリエルはマイペース。セバスチャンが、キスをしてもらう作戦を伝授しようとしても、すやすや眠ってしまいます。

セバスチャンいわく、「まったくのんきなお姫さま」なのです。

でも、その無邪気なのんきさが、自分の命を救ってくれた女性が見つからず、ふさぎがちだったエリックの気持ちを明るくして、彼の心をつかむことができました。

彼がほしいからといって好きになると即告白、相手からの返信が来る前に何度もメールをする、しつこく問いつめる……など、不安や焦りからくる強引なアプローチは、相手の心を離れさせます。

焦りは、自分を客観視することで改善できます。焦っている自分に気づいたら、「のんきなお姫さま」を思い出してください。

恋は魔法

エリック王子を好きになったアリエルは、鼻歌まじりで、うきうき身づくろい。姉たちに、ひと目で「この子、恋をしてる」と見破られてしまうほどのうかれようです。

たとえ片想いでも、恋は、女性を輝かせてくれる魔法です。

恋をすれば、彼にすこしでも注目してもらいたいと、メイクやオシャレに気をつかうようになるし、ダイエットに成功したという人もいます。実際、恋を心から楽しむと、女性ホルモンの分泌がさかんになって、それだけできれいになるという説も。

外見だけではありません。彼にふさわしい人間になりたいと思えば、勉強や仕事へのモチベーションもあがるというものです。

恋の魔法で、自分を磨きましょう。どういう結果になっても、彼を好きになってよかった！　と、思えるように。

好意を伝える

リスクを恐れない

アリエルは、エリック王子のそばに行きたい一心で、人間になりました。でも、それは、足と引きかえに美しい声を失い、わずか三日で彼に愛されなければ、アースラのものになるという、大変なリスクを冒してのことでした。

恋にリスクはつきものです。片想いのときは、アプローチして引かれてしまうリスク、告白して断られるリスク。つきあってからは、気持ちが冷めてしまうリスク、裏切られるリスク、別れるリスク……。

リスクとは、自分が傷つく可能性です。

行動を起こせば、どんなリスクが待っているか、あるいは、なにが得られるか、結果はわかりません。ただ確実にいえるのは、リスクを回避すれば、傷つかないかわりに、なにも得られないということ。

傷つかないための努力より、いい恋をするための努力をしませんか。

彼を助ける

アリエルは、嵐の海でおぼれたエリック王子を助けました。アリエルが彼に恋したように、エリックもまた、自分の命を救ってくれた美しい歌声の女性に恋をしたのです。

そして、物語のクライマックス、アースラとの戦いでも、アリエルは、エリックを助けて奮闘します。

「彼を助ける」とは、単に世話を焼いたり、いうことをきいてあげたりすることではありません。彼がつらい思いをしたり、悩みを抱えたりしているときに、彼を信じ、心の支えになることです。

愛らしさや優雅さだけでなく、凛とした強さやたくましさも、女性のだいじな魅力です。

アリエルはこれからも、彼のためにリスクを冒す勇気と前向きな行動力で、エリックを助け、支えていくことでしょう。

デートを楽しむ

人間になって二日目。アリエルはエリックの案内で、王国見物に出かけます。

初めての馬車、初めてのダンス、初めてのボート……アリエルは、なにをやっても大よろこび。エリックは、自分とすごすことを心から楽しむアリエルを見て、彼女への好意をつのらせていきました。

最初のデートから数回は、ある意味〝様子見〟です。お互いに相手の人となりを見定めて、一緒にいて楽しい、この人のことをもっと知りたい、と思えたら、本当のおつきあいが始まります。

そして、彼がデートをコーディネートしてくれたときは、レストランや映画などのチョイスが好みじゃなくても、がっかりしたり文句をいったりしないで、二人ですごす時間を楽しみましょう（もちろん次回は、自分の好みを伝え、一緒に決めるのもいいですけどね）。

相手の世界を受け入れる

海で育った人魚のアリエルは、もともと人間界に憧れていたので、すんなり陸の世界になじむことができました。

現実は、海と陸ほどのちがいではないにしても、異なる土地、異なる家族、異なる環境で育った二人が出会うのだから、価値観や趣味の相違があって当然です。

うまくやっていくためには、相手の世界を受け入れ、歩みよることが大切。歩みよるといっても、むりをして相手の価値観や趣味にあわせる必要もなければ、なんでも一緒にやる必要もありません。

必要なのは、二人の共通項をだいじにしつつ、お互いの価値観や、自分らしさと相手らしさを尊重しあうこと。お互いが自立した人間として、自分の世界をもっていることで、〝二人の世界〟が、いっそう豊かに、楽しくなります。

失恋を受けとめる

アースラの策略で、彼を失ったと思ったアリエルは、失恋の悲しみを正面から受けとめ、涙します。

好きになったのも自分、楽しい思いをしたのも自分、そして、恋を失ったのも自分。相手を責めたり恨んだりしていると、悲しみやつらさを、いつまでもひきずってしまいます。

どんな失恋からも、学ぶことがあるはず。この失恋は、これから訪れる新しい出会いのために必要だったのです。

悲しみは、人を強く、優しく、美しくします。泣くだけ泣いて、前に進みましょう。

19世紀のイギリスの詩人アルフレッド・テニソンの言葉を借りれば、「恋をして、恋を失ったほうが、一度も恋をしたことがないよりも、ずっとまし」なのです。

焦らない恋は魔法

好意を伝える

リスクを恐れない

彼を助ける

デートを楽しむ

相手の世界を受け入れる

失恋を受けとめる

column 3

プリンセスと母親不在

考えてみると、プリンセスたちには、たいてい母親がいません。いたとしても、実の母でなかったり、実の母を知らずに育ったりしています。

ディズニーは、昔話やおとぎ話を題材に、人々の共感を呼ぶプリンセス・ストーリーを紡いできました。

昔話には、親子関係や男女の出会い、自立や葛藤《かっとう》など、人間が生きるうえでのさまざまな問題が、象徴的なかたちで語られているといわれます。

母子関係は、子どもがこの世に生まれて最初に直面する問題で、とくに女の子にとって母親は、女性として生きていくうえでの最初の見本ともいうべき存在です。

母には、子を慈しみ育む肯定的な面と、子を〝我がもの〟とみなし、思うままにしようと自立を阻む否定的な面があり、昔話では、前者は優しい魔法使い、後者は恐ろしい魔女などのすがたを借りて登場することが多いようです。

プリンセスに実母が〝不在〟なのは、そうした母の肯定面、否定面を表す存在との関わりを通して、女の子が自分と母親の関係を捉え直し、自立した一人の女性として、自分にふさわしい〝プリンス〟と結ばれるまでの成長過程を、象徴的に物語るためなのかもしれません。

アリエルの生き方

Life of Ariel

勇気をもって、
ひたむきに前に進む。

I believe that
courage will lead my way.

それが、プリンセスの
あるべきすがたよ。

I am a princess.

行動あるのみ

「見る前に跳べ」「案ずるより産むが易し」「思い立ったが吉日」……「あれこれ考えたり心配したりするよりやりなさい、思いついたらすぐ始めなさい」と、行動の大切さを説く諺《ことわざ》がいろいろあります。

まさにそれを実践しているのが、アリエルです。

とはいえ、アースラとの取引は、あまりに高リスクでしたから、アリエルといえど、迷いも不安もありました。でも、このままでは、一生海の底で彼を想いつづけるだけ。それよりチャンスに賭けたのです。

悪い結果を想定したら、行動はできません。良い結果をイメージして(アリエルほど超ポジティブはむりとしても)、小さくてもいいから、とにかく初めの一歩を踏み出すことが大切です。

望みどおりの結果は得られなくても、きっと、そこから得るものがあります。でも、踏み出さなければ、結果自体がないのですから。

無邪気さを大切に

アリエルは、つねに無邪気で、裏表がなく、ありのまま。人を疑うことを知りません。

たとえエリックの前でも、自分をよく見せようと、とりつくろったりしないし、声という代価を払って取引が成立した以上、アースラが自分の恋の邪魔をするなんて、夢にも思いません。

スカットルのいうことを信じて、フォークで髪をとかしたり、パイプを楽器のように吹いてしまったりするあたりは、危なっかしいほどですが、その無邪気に人を信じる純粋さが周囲を動かし、最初はアリエルに反感を抱いていたセバスチャンをも味方にしてしまいます。

無邪気は恐いもの知らず。

作為のない純粋さ、飾り気のない素直さ、ピュアでまっすぐな心は、じつは、とても強いのです。

周囲を気づかう

無邪気さから生まれる行動力は、アリエルの大きな強みですが、無邪気には「考えが浅い、思慮に欠ける」という否定的な意味もあるように、周囲への配慮が足りなかったこともたしかです。

アースラの真のターゲットは、アリエルではなく、トリトン王。アースラは長いこと、トリトン王に宮殿から追放されたことを恨み、復讐の機会をうかがっていました。トリトン王の愛娘のアリエルが、人間に恋をしたことで、その絶好のチャンスが訪れたのです。

アリエルは、アースラが危険な魔女だとは知っていましたが、恋に夢中でアースラの真意に気づかず、父を絶体絶命のピンチに追いこんでしまいました。

自分の思いを貫くためには、周囲の希望や期待に添えないこともありますが、人への配慮と思いやりは忘れないようにしたいですね。

空を見あげる

世界じゅうの人々を楽しませた喜劇王チャップリンは、「下を向いていたら、虹を見つけることはできない」といいました。

アリエルは人間の世界に憧れているため、上を仰ぎ見ることが多く、海面に向かって、上へ上へと泳いでいくすがたが印象的です。

それは、彼女の向上心の表れでもありました。

落ちこんだときに、ふと空を見あげて、「ああ、世界は広いな」と、気持ちが楽になったりしたことはありませんか。

空を見あげると、ストレス解消やリラックスなど精神的な効果があるほか、自然に背筋が伸びて、健康にもいいそうですよ。

最近は美白がもてはやされ、紫外線を目の敵にする傾向がありますが、太陽の光を浴びることも人間の体には必要です。疲れたとき、気持ちが沈んだときは、外に出て、空を見あげてみましょう。

後悔しない

人生は、必ずしも思いどおりにはなりません。チャレンジが失敗に終わることもあります。どんな結果になっても後悔しないためには、自分で決めること、そしてベストを尽くすことです。

人魚にもどったアリエルは、アースラとの戦いに勝利したあと、海岸に横たわるエリックを、海から切なげに見つめます。

そのすがたからは、自分で決めて人間になったこと、配慮が足りず父を苦しめてしまったこと、でも、とにかくできるかぎりの努力をしたこと、すべての結果を受け入れる気持ちが伝わってきます。

なにもかも得ることはできない。エリックと父がぶじだったのだから、これでいいと思ったのかもしれません。アリエルは、この三日間を精いっぱい生きることで、成長したのです。

トリトン王は、そんな娘の幸せを願い、人間にしてくれました。

言葉を大切にする

声を失ったアリエルは、よけいなことはしゃべらないという沈黙の美徳を学びました。と同時に、改めて、言葉の大切さ、言葉の力を実感したのはいうまでもありません。

日本では昔から、言葉には霊力が宿っているとして、それを「言霊《ことだま》」と呼んできました。言葉には、発したとおりになる不思議な力があり、よい言葉を発すればよいことが、悪い言葉を発すれば悪いことが起こるという考えです。

だから、言葉を口にするときは、どんな言葉を使うか、どんないいかたをするか、相手がどう受けとるか、よく考えなければいけない、というわけです。使い方次第で、人をよろこばせたり怒らせたり、笑わせたり泣かせたりできる言葉は、人間だけが（人魚も）使うことのできる〝魔法〟ですね。

なりたい自分を目指す

こんなふうになりたいというイメージを思い描くことは、多かれ少なかれ、だれにでもあるのではないでしょうか。

私たちが、アリエルに共感するのは、アリエルが、「なりたい自分」を目指して前向きに突き進む勇気を体現しているからかもしれません。

それにしてもアリエルは、能天気ともいえるほど楽観的。それを補うのがフランダーとセバスチャンで、ちょっと臆病なフランダーは慎重さを、お目付け役のセバスチャンは常識や理性を象徴しています。

アリエルが彼らを無視して人間になったように、心のまま、大胆に行動することも必要ならば、彼らの助けなしにハッピーエンドはなかったように、ときには立ち止まって考えてみることも必要です。

私たちも、自分のなかのフランダーやセバスチャンと会話しながら、「なりたい自分」への道を歩んでいくのでしょう。

したいことを
する

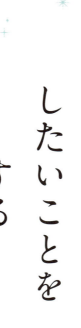

コンサートをすっぽかして難破船探検、禁止されても海上に行く、秘密のコレクション、エリックを助ける、美声と交換に足を得る……人間界に憧れるアリエルは、いつも、したいことをしています。

一見すると気まぐれで、向こう見ずにも思えますが、方向性を見失わず、一生懸命にしたいことをすることで、夢を叶えたのです。

自分がしたいことを一生懸命にするのが、「なりたい自分」になるための第一歩です。本当にやりたいことなら、努力も苦労もできるはず。

やりたいことがわからないという人は、得意なことや楽しいと思えることから始めてみませんか。

ドイツの詩人ゲーテは、こういいました。

「あなたにできること、あるいは、できると夢見ていることがあれば、今すぐ始めなさい。向こう見ずは天才であり、力であり、魔法です」

行動あるのみ

無邪気さを大切に

周囲を気づかう

空を見あげる

後悔しない

言葉を大切にする

なりたい自分を目指す

したいことをする

おわりに

アリエルは、人魚の世界の常識にしばられない自由な心をもっていました。

人間は悪者といわれても、自分にはすばらしく思える〝宝物〟を生み出す人間が悪いはずはないと信じ、そのすばらしい世界に行ってみたいと思ったのです。

そして、人間に恋をした彼女は、魔女との取引という危険を冒し、苦難の末、みごとにほしいものを手に入れました。

もし、アリエルが現代に生まれたら、どんな女性になったでしょうか？

好奇心旺盛で行動力のある彼女のことですから、興味のあることすべてやってみたくなり、すばらしいパワーとスピードで、いろいろな分野を開拓するでしょう。

ただ、頭ごなしに命令されると反発したり、すぐに人を信じてしまったりする単純さがあるため、ときには大きな困難に直面することになるかもしれません。

でも、アリエルには、そうした困難を打ち破る強い意志と粘り強さがあります。

開きそうもない扉をこじ開け、不可能だと思われた取引を成立させ、どんな場所でも、臆することなく活躍ぶりを見せることでしょう。

そして、もちろん、恋に関しても、もちまえの行動力を発揮。好きな人には、自分からアプローチして、恋を実らせるにちがいありません。

さあ、アリエルの法則を実践して、人生、当たってくだけろ。

幸せは、人に与えられるより、自分で手に入れたほうが、はるかに価値があるのです。

Disney アリエルの法則《ほうそく》
Rule《ルール》 of《オブ》 Ariel《アリエル》
憧《あこが》れのプリンセスになれる秘訣《ひけつ》32

2016年 7 月28日　第 1 刷発行
2025年 4 月21日　第11刷発行

編……………………講談社
著……………………ウイザード・ノリリー　Wizard Norilee
装丁…………………吉田優子（Well Planning）
発行者………………安永尚人
発行所………………株式会社講談社
〒112-8001　東京都文京区音羽2-12-21
電話…………………編集　03-5395-3142
販売　03-5395-3625
業務　03-5395-3615
印刷所………………共同印刷株式会社
製本所………………株式会社国宝社

※定価はカバーに表示してあります。

N.D.C.726 143p 15cm　ISBN978-4-06-220129-2　Printed in Japan

KODANSHA